A uma incógnita

SEBASTIÃO UCHOA LEITE

A UMA INCÓGNITA

1989/1990

ILUMI//URAS

Copyright © Sebastião Uchoa Leitw

Capa:
Sylvia Heller

Composição:
Ambos mundos

DADOS INTERNACIONAIS DE CATALOGAÇÃO NA PUBLICAÇÃO (CIP)
(Câmara Brasileira do Livro, SP, Brasil)

Leite, Sebastião Uchoa, 1935-2003.
A uma incógnita : 1989/1990 / Sebastião Uchoa
Leite. — São Paulo : Iluminuras, 2008. 1ª reimpressão.

ISBN 978-85-7321-280-8

1. Poesia brasileira I. Título

08-00441   CDD-869.91

Índices para catálogo sistemático

1. Poesia : Literatura brasileira   869.91

2008
EDITORA ILUMINURAS LTDA.
Rua Inácio Pereira da Rocha, 389
05432-011 - São Paulo - SP - Brasil
Tel: (11)3031-6161 / Fax: (11)3031-4989
iluminur@iluminuras.com.br
www.iluminuras.com.br

ÍNDICE

MÁQUINA DE SIGNOS

Canetti: língua, lâmina, 9
, 10
Outra nietzscheana, 11
Post card 3, 12
Variações Goldberg, 13
Cisne, 14
Reflexos: o canal, 15
Novos reflexos, 16
Outras observações, 17
Perguntas a H.P. Lovecraft, 18
Tiranossauro, penso em ti, 19
Língua pretensa, 20
Digitações, 21
Focos, 22
Visão, 23
L'État c'est Moi, 24
Achtung!, 25
A alma do negócio, 26
Anti-utópico, 27
Consciência da Bolha, 28
Fragmentos cósmicos, 29
Discos e ruídos, 30
Os músicos-poetas, 31
Thelonius Monk, 32
Máquina, 33

ANIMAL MÁQUINA

Rilke dixit, 37
Cógito, 38
Insônia respiratória, 39
O leitor atropelado, 63, 40
Uma queda, 41
Investigar-se, 42
A um esqueleto que trabalha, 43
O turista inconfessável, 44
A máquina que anda, 45
Coração felino, 46

NÓS CEGOS

Nego, 49
Pobre musa, 50
Enigmóides, 51
Duas ou três coisas, 52
Conto de terror (63), 53
Idéias vermes, 54
Ssss, 55
Olhar/olhares, 56
Idéias 40°, 57
Lugar, 58
Consciência e vertigem, 59
À sombra de Reverdy, 60
Vida vagalume, 61
A se stesso, 62
Pacífico naif, 63
Numa suite de hotel, 64
Outro espelho, 65
Zero matinal, 66
Pontas, 67
Envoi, 68

máquina de signos

Canetti: língua, lâmina

Primeiras memórias
Imersas em vermelho
O chão
A porta
O pátio
A língua
A lâmina
A mensagem vermelha

89

Deixa que eu apalpe
Com mil olhos dédalos
A polpa
Da tua língua

89

Outra nietzscheana

A tensa pantera
Não salta
Porque pensa
Assim Eros
Não dispensa
Agarra
O que à garra
Compensa

89

Post card 3

Séria
O ombro na sombra
Os pequenos peitos
Charlotte Rampling
Olha de cima
De viés
Sussurra nas trevas:
Morre-se apenas
Duas vezes

89

Variações Goldberg

Com a alma em laser
Destilada
Digitalizada
Diretamente
Do antigo analógico
Um ultraleve
Nas transvariações
Do possível

89

Cisne

Primeiro
O cisne se evade
Depois é um cisne de outrora
Depois torcem
O pescoço da plumagem
A eloqüência da linguagem
Emfim torcem
O pescoço do cisne

89

Reflexos: o canal

Há tempos
Li Po
Viu a lua
No fim do poço
Hoje vêem-se
Reflexos de luzes
No canal
Lua nenhuma
Era só metáfora
O reflexo:
De longe as luminárias
Sem mistérios

89

Novos reflexos

Ergo-me dentro do breu e percorro o corredor que vai do quarto à parte da frente. Nele esbarro numa caixa grande de livros jogados fora. Os livros morrem, e são pois livros cadáveres a serem retirados. Bebo água e devoro alguma coisa doce. Os doces matam os sonhos venenosos onde sou sempre o assassino, nunca a vítima. Enfim, o pastoso, o líquido e um pequeno glóbulo branco para a outra vida, outra vez. Minha insônia não é a de M. Teste, minha culpa não é a de Joseph K e meus crimes não são os de Landru. Dormir é sempre perigoso e o meu tédio é à inércia. *Mehr Licht!* Nunca ouvi o violino do diabo em sonho, como Tartini.

89

Outras observações

Certa vez passando pela Avenida Conde da Boa Vista na direção da ponte para Santo Antonio, deparei-me com uma vitrine de manequins despedaçados. Troncos, pernas, braços. Pensei: "Ótimo para um poema de Murilo Mendes sobre a ordem e a desordem". Como estava em Recife pensei também nos velhos manequins corcundas de João Cabral. Ou em Man Ray ou a pintura metafísica. Alguém poderia tê-los decomposto numa montagem de manequins-cadáveres. Devo confessar meu deleite. Mas estavam amarelados e com órbitas vazias. Inventei o manequinicídio? Pensei: "Só na morte os manequins ganham vida". Guardo até hoje o segredo tântrico.

89

Perguntas a H.P. Lovecraft

Por que sempre as cidades ciclópicas com altas torres de cantaria negra? Por que formas e cores inimagináveis vindas do espaço, vozes estaladas ou zumbidas e os cheiros insuportáveis? Por que ventos frios e pesadelos que são reais? Por que o ignoto nos repugna e por que o fascínio do repulsivo? Por que mundos perdidos no tempo anterior ao homem? Por que os Antigos eram sempre superiores, mas repelentes? Por que algo, sempre, deve calar-se? Por que os reinos informes da infinitude? Por que sempre as substâncias viscosas e verdes? Por que Aqueles são ameaçadores? Por que as coisas se evaporam? Por que a incógnita nos causa horror?

89

Tiranossauro, penso em ti

Há 100 milhões de anos
Apoiado na cauda
Dentes em serra o Terror
Dos ornitisquianos
Grande réptil predatório
A vida muda
Passou rápido o tempo
Em alegoria giratória
Penso em outros predadores
E também nas presas
Nos devorados
Nos vencidos

89

Língua pretensa

E tensa
Não é só paralítica
Mas se pensa
Elíptica

89

Digitações

A poética é uma máquina
Há um código central
Em que se digita ANULA
É a máquina do nada
Que anda ao contrário
Da sua meta
A repetição é a morte
Noutro código lateral
Digita-se ENTRA
E os cupins invadem o quarto

90

Focos

Poesia é a sombra
Em guarda atrás de alguém
Ou na frente
Abrindo o caminno
Diminui ou alonga o vulto
Conforme o foco solar
Abre-se ou estreita-se
No jogo hiperrealista
Entre o eu e a margem

90

Visão

Vejo um cego desencontrado como um asteróide, tenso, com passos medidos, e que olha para cima e de lado, qual a terceira figura da "Parábola dos cegos" de Pieter Bruegel. A bengala metálica e matemática toca o chão de leve. Perplexo, esbarra numa moto na calçada, apalpa o obstáculo e desvia-se em ângulo inclinado para a frente e a direita. Choca-se — como aquele asteróide em cima — com a quina de uma banca. Sonda o novo enigma e contorna-o. Perco-o aí de vista na *multitude vile.*

90

L'État c'est Moi

Ressuscitaram o Rei Sol
Cercado de *jongleurs*
Mas parece
Teatro de marionetes
Ameaçando ser
Teatro de sombras
Todos os bonecos falam
Pela voz do ventríloquo

90

Achtung!

Pisar duro e falar alto
É a boa técnica
Bater com o relho nas botas
Simples eficiência
Se vais encontrar o fraco
Não te esqueças
De levar o chicote

90

A alma do negócio

Mentir
É questão de competência
Sempre repetida
A mentira faz-se verdade
(Herr Doktor
O Escorpião
Picado e morto
No círculo de fogo)

90

Anti-utópico

No "País de Cocanha" de Bruegel
Dormem ébrios o soldado
O camponês e o clérigo
(Em torno símbolos alquímicos
E alusões alegóricas)
Eles formam um triângulo
Em nosso País de Cocanha
Também dormem os ébrios
E os insatisfeitos
O sono real da verdade nua
"Sob o manto diáfano da fantasia"

90

Consciência da Bolha

Estamos propensos
Ao Princípio de Incerteza
Esmaga-nos
A goela do Big Crunch
Em que Não-Localidade
Nos achamos?
Perplexos
Vamos todos desconexos
Nesse roldão universal

90

Fragmentos cósmicos

Todo sistema tende
A um grau crescente de desordem
Onde depositar
O lixo cósmico?
Informação é matéria prima
A paciência é elástica
Inflar bem lento e explodir
Como no Big Bang

90

Discos e ruídos

De César Franck e Schubert
Melodias dissolvem
A ex-alma extática
Em semântica mística
Os ruídos co-movem
Se "Der Tod und das Mädchen"
Conspira contra a vida
Eles lembram ela
Ou a energia oculta
Dessa rima culta

90

Os músicos-poetas

Um míope boêmio
A vida — partitura
Interrompida — mas:
"Não morreu de coração rasgado"
O outro — grave
Maitre do Conservatório
(Sem halos celestes)
Vidas? Equívocos
Só a estrutura importa
Não quem se comporta

90

Thelonius Monk

Os toques breves
De precisão — recônditos
E abstratos
De uma mente absconsa
Explodem em timbres
Secções cônicas melódicas
Geometria (desarmônica)
De alma reclusa

90

Máquina

Maquina de signos
Gnosis de si mesmo
Nós cegos de nomes
Rota de desígnios
Ou máquina do sono
Que revira o corpo
Tudo gira em torno
Do nada onde somos

90

animal máquina

Rilke dixit

Médicos
Não vêem mais do que nós
Porque dentro
É que sentimos o mal
Mas que importam
Teorias do centro?
Queremos os braços
Em ângulo total
Discêntricos
Sem dentros

89

Cógito

Não ergo o braço
Encapsulatus sum
Agro
Magro
(Questa cápsula
críptica)

89

Insônia respiratória

Antes nunca
Ouvira o invisível poema
Do respirar: não
Ouvia nada
Só o silêncio dos órgãos
Mas o segredo da vida
Era isso
Quando ninguém
Se lembra do corpo
Que de fato
É feito da mesma matéria
Do sono

89

O leitor atropelado, 63

Em Boa Viagem
Pam!
Cinza para o alto
No HPS
Vem a doutora
Truc!
A viagem perdida
Uma bengala
O ego perdido na Rua Nova
Não era cego
Nem aquela
Era a Calle Florida

90

Uma queda

Acordo no taco
Atônito
Com a queda
O sono irreflexo
Fora do lugar
A marca no queixo
(Resvalado em quina:
Um *jab)*
Vê-se ao espelho
No fundo convexo

90

Investigar-se

O hospital de novo
Sem saber o fim
De Manuel Bandeira
Ou as ninjas assassinas
De volta ao local
Não a vítima
Mas o Dick Tracy de si mesmo
E dos signos químicos
Com o radar caracol
De dúvida metódica

90

A um esqueleto que trabalha

Passear ossos
Entre vagas e corpos
Ver todas as curvas
Com olhos antifísicos
Formas turvas
Idéias corcundas
Oculos em ângulo
Cristal gris

90

O turista inconfessável

À bout de souffle
No alto de Praga
Nem viu a casa de Kafka
Gases em Berlim
Parecia um cágado turista

90

A máquina que anda

Atrás dessa matéria
Há outra máquina
Que vê seu reflexo
(Coração de cágado?)
De viés
Nas vitrines
Os passos ecoam dentro
A máquina anda mal
E é audível em *pulsars*
De um relógio vivo

90

Coração felino

Todos são máquina
O animal máquina Eu
Sem coração de tigre
(Embora melhor
A disfunção do VE)
Nem pernas elétricas
Solta-se na avenida
Em busca metódica
Do ex-sangue de pantera
(As cavidades esquerdas
estão menores)

90

nós cegos

Nego

Não só o ego
Mas o nó cego
Da negação
Do ego

89

Pobre musa

Profética
(E se eu lhe disser
Que ela é
Morfética?)

89

Enigmóides

Espelho ao avesso
Sobre o abismo
Já sou mais isso
Do que eu mesmo

Reflexo antevisto
Do cáos amórfico
Informe e vasto
Sonho maléfico

89

Duas ou três coisas

É ríspida
Respira o ar amargo
Arisca
Secreta
Nada fala
Xiita do oculto
Tal Emily Dickinson
Dura e pura
Ou insónia crítica
Da língua irônica

89

Conto de terror, 63

Ourofogo
Zumbindo
Perplexidades
Saltei com um pé só
No quarto alto
De antigo pé direito
Era o Diabo?
Explodiu zumbidos
Furo negro e pó
Sombra
Vinda do tempo
Em êxtase informe

90

Idéias vermes

Enormes vermes vermelhos
Refulgem
Espiá-los
Com o escafandro mental
Sinuosos
Sem se saberem
Idéias vermelhas
Sem cabeça

90

Ssss

Pensar um silvo
Ouvir e ver
A caldeira ferver no caos
Ou abrir a tampa
Sobre um nó de víboras

90

Olhar/olhares

Figuras que espiam
Recuam em janelas
Atrás dos vidros
Olhos divagam em mesas
Fixam-se deslizam
Um paralítico atravessa o tempo
Beckett inclina a cabeça
Alguém pára pensa
Numa escada e se vira
Entre olhares

90

Idéias 40º

Nesta toca de fundos
A janela-abismo
Idéias ardem
Queimam a consciência
Venha a chuva em cópia!
Não chuvas ácidas
Ou "chuva de resignação"
Do Velho Mestre
Venha o estrondo!
Sondo fundos
Estrépitos grossos
Qual idéias sem ordem

90

Lugar

Tentar atingir
Aquele Lugar
Cair
E (ainda pior) perdê-Lo
Envergonhar-se?
Pior: resignar-se
A ficar atrás
Do Lugar

90

Consciência e vertigem

O abismo entre prédios
O seu vórtice
Cortando o córtex
O abismo atrai a vertigem
É também a linguagem
Dos vazios de fora
Fala da voragem
Que nos devora

90

À sombra de Reverdy

Distingo vozes
Passos sobre o canal
Ao longe focos embaciados
Aqui da janela
Gritam três vezes em baixo
Alguém corre? Vejo
Só vultos ecos de sombras
Sob a luz baça

90

Vida vagalume

De dentro da janela
Sou-eu
Pedra de idéias fixas
Consciência ardósia
Lá é o fogo-fátuo
Paradiso brilhos
Cá é o teatro laboratório
Aqui é o Não ó Parcas

90

A se stesso

Antitorcedor de tudo
Fanático do nada
Contra os ruídos da pólis
A vida só metáfora
Poética sem idéias
Detetive sem mistério
Seu projeto Hammett
Afundou sem *drinks*
Na floresta petrificada
Sem *coffee & cigarettes*

90

Pacífico naif

Lê "Elektra Assassina"
E "Watchmen"
A violência MAD
O atrai? (Ler Nietzsche)
A obsessão da ordem
Achtung! Não é
O mesmo que *Attention!*
Cada palavra obscura
Cai do céu semântico
Como cai um corpo morto

90

Numa suite de hotel

O espelho da *toilette*
Reverte a imagem
No espelho-olho
Da porta
Em múltiplos labirínticos
De auto-espionagem:
Je est un autre

90

Outro espelho

À celle qui est trop gaie

Na tua blusa preta
A palavra
     ESPIONNE
Gravada em prata
     Espreita
Como um olho-sorriso

90

Zero matinal

Consciência do tempo
É máquina portátil:
Consciência de bolso
Como uma chave

90

Pontas

Sei os
    escaninhos
Onde se escondem
As pontas
Desse mistério
    pétreo
Bicos agressivos
Que me ferem os olhos

90

Envoi

Digam ao verme
Que eu guardei a forma
E a essência felina
Dos meus humores decompostos

90

Este livro terminou de ser
impresso no dia 10 de fevereiro
de 2008 na *Associação Palas
Athena*, em São Paulo, SP.